Yf 12380

LE THÉATRE

DE

PERPIGNAN

PERPIGNAN
Imprimerie de l'*Indépendant*, 3, Rue d'Espira, 3.
—
1881

Pendant mon passage au service de l'Administration municipale, comme Conservateur du Théâtre, j'eus l'occasion, par devoir et par ordre, de rechercher dans les archives de la Mairie certains comptes.

Je recueillis alors certaines notes sur notre Théâtre, qui m'ont permis de publier dans le journal *Al Galliner* plusieurs articles.

Je les ai rassemblés dans cette petite brochure, que je suis heureux d'offrir au PUBLIC PERPIGNANAIS qui m'a prodigué depuis vingt ans ses bravos dans toutes les fêtes philanthropiques.

M. le Maire et MM. les membres du Conseil municipal voudront bien trouver, dans ce petit travail, un témoignage de gratitude pour la délibération flatteuse qui fut prise en ma faveur, dans la séance du 14 Février 1881.

MM. les Artistes y verront un souvenir et un gage de reconnaissance pour ce concours empressé que j'ai toujours trouvé lorsque j'ai fait appel à leur talent.

C'est aussi l'expression de mes remerciements à *MM. les Rédacteurs-Fondateurs du Galliner* qui ont bien voulu me permettre de collaborer à l'œuvre qu'ils ont entreprise pour relever notre Théâtre.

Edouard VALLARINO

Perpignan, le 15 Juin 1881.

Le Théatre

DE

PERPIGNAN

Si les circonstances nous ont fait prendre la plume, loin de nous la pensée de nous croire un écrivain ou de le devenir. Nous l'avons prise trop souvent avec un profond sentiment de tristesse.

Mêlé au monde artistique, dans maintes fêtes de bienfaisance, nous fûmes choisi pour occuper le poste de Conservateur du théâtre, par M. Tournal, ancien maire de Perpignan, à qui nous sommes heureux d'adresser nos bien sincères remerciements.

Désireux de répondre à la confiance dont nous honorait l'Administration municipale, nous voulûmes nous rendre compte dans tous les détails, de ce qui était dans nos attributions. Nous fûmes du reste encouragé dans cette voie par l'honorable M. Selva, architecte, dont personne plus que nous n'a regretté la retraite.

Confiant dans cette sympathie que nous avons toujours rencontrée, nous allons donner un aperçu de l'historique de notre théâtre, pour nous occuper ensuite de la situation financière.

En 1811, le Conseil municipal consentit à laisser construire par souscription la salle du théâtre, (5 mai), au local des écoles des Jésuites, que la ville avait acheté en 1808.

La souscription s'éleva à 60,000 francs qui furent dépensés : 57,000 francs pour la construction de la salle et l'appropriation du bâtiment ; 3,000 francs pour les décors.

Les travaux furent exécutés par M. Dalbiez, entrepreneur, sous la direction de M. Torreilles, conducteur des travaux de la ville.

En 1813, eut lieu l'inauguration de la salle.

C'est à cette époque que fut créé l'emploi de concierge à 400 francs. Depuis, malgré l'augmentation de toutes choses, les appointements du concierge n'ont jamais été augmentés.

En 1815, la ville songea à rembourser les actionnaires, et en 1819 elle devenait propriétaire de la salle au moyen d'un emprunt fait à la caisse départementale.

En 1817, la Société lyrique fut fondée. La ville concéda gratuitement à cette société le local où se trouve actuellement le foyer.

En 1838, la ville vota 8,000 francs pour la reconstruction d'une partie de la charpente et de la toiture du théâtre.

En 1839, une somme de 1,500 francs fut affectée à la construction du grand salon dit du Prince, qui fut fait à l'occasion de la réception du duc d'Orléans.

C'est ce même salon qui sert encore pour le bal du Jeudi Gras, qui est donné tous les ans par les jeunes gens de la ville.

C'est la plus belle fête du carnaval qui a l'avantage de réunir au théâtre toutes les classes de la Société.

En 1845, la salle fut éclairée au gaz. Le Conseil vota 3,100 francs à cet effet ; l'installation des appareils fut faite par M. Arseline, appareilleur, sous la direction de M. Caffe, architecte.

En 1844, le Conseil, reconnaissant l'insuffisance de la salle, confia le soin de faire un projet à M. de Givors, architecte de Paris.

En 1845, le 22 août, le projet et les plans de M. de Givors furent présentés au Conseil. Le montant du projet s'élevait à 97,681 francs. Le Conseil ajourna l'exécution en payant 1,000 francs d'honoraires à l'architecte.

Les plans et le projet ont été soigneusement conservés dans les archives, loin des regards de tous. Ils n'ont été retrouvés malheureusement que trop tard, grâce à la nomination de l'archiviste M. François Abjard, qui a bien voulu nous faciliter toutes nos recherches ; qu'il reçoive tous nos remerciements.

M. de Givors avait construit la salle de spectacle en respectant tous les murs de la façade et la toiture. Rien n'aurait manqué ; calorifères, ventilateurs, escaliers desservant tous les étages. M. de Givors terminait son rapport en disant : le théâtre aura l'immense avantage d'avoir, en cas d'incendie, six portes de sortie, avec une seule entrée.

Nous signalons ce projet, parce qu'il est suffisant pour une ville comme Perpignan et qu'il est fait par un spécialiste.

En 1853, M. Pelletier, de Paris, proposa d'installer à ses frais des colonnes vespasiennes affiches le long du trottoir du théâtre. Il est fâcheux que cette proposition ait été repoussée ; on n'aurait jamais songé à placer l'urinoir là où il est, au grand mécontentement des voisins et des habitués de l'endroit qui n'offre aucune aisance.

En 1857, le théâtre fut repeint à neuf par un artiste espagnol, qui, vu la quantité de rats qu'il voyait, songea à en faire entrer dans les motifs de la décoration.

Cette restauration coûta 3,000 francs.

En 1865, la ville créa un Conservateur ; ce fut M. Moreau, peintre décorateur qui occupa ces fonctions. M. Canavy le remplaça en 1867. En 1875, après la mort prématurée de

M. Canavy, nous ne voudrions pas être accusés de partialité, en parlant du successeur de M. Canavy, nous dirons seulement : faute de grives on mange des merles, et faute de peintres, on choisit un chanteur, qui chercha à faire passer sur son ignorance de la décoration et de tout ce qui est matériel de théâtre par son amabilité pour le personnel, puis par l'achat de vieux décors et de vieilles partitions. Au mois de juillet 1879, ayant perdu la confiance de l'Administration municipale à propos d'une question de luminaire, il donna sa démission (*) et ne fut remplacé que l'année suivante par 16 octobre 1880, par M. Comignan, qui, par son zèle et son dévouement, est appelé à rendre des services au théâtre.

Nous dirons en passant que le Conservateur du théâtre devrait avoir des frais de représentation ; 400 francs par an, c'est un peu maigre.

En 1873, eut lieu la restauration de la façade du théâtre qui coûta 2,107 fr. 18. Il est encore regrettable qu'on n'ait pas songé à faire à cette époque une marquise ; on l'aurait probablement établie sans toucher à la pierre des portes et sans enlever un bec de gaz qui n'était pas de trop, car généralement les entrées de théâtre sont parfaitement éclairées.

En 1877, fut faite la réfection du plancher de la scène, qui coûta 12,238 fr. 54. C'est à cette époque qu'eut lieu l'inaugu-

---

(*) Quelques mots pour mettre fin aux commentaires faits au sujet de notre démission.

Il n'est jamais entré dans notre esprit de vouloir nous venger d'un père de famille en lésant ses intérêts, pas plus que de vouloir être encombrant pour la Municipalité qui nous avait chargé de la question des appareils à gaz, ce qui était complètement en dehors de nos attributions.

Quand un fournisseur déclare que tout un matériel lui appartient, qu'on peut lui présenter dix états de fournitures faits et signés par lui ; que l'ancien architecte, M. Caffe, déclare que c'est sous sa direction que l'installation a été faite en 1845, et que l'Administration a plus de confiance dans le dire des fournisseurs qu'en son employé qui est en fonctions depuis quatre ans et qui s'appuye sur des chiffres, il n'y a qu'une chose à faire, c'est de donner sa démission et à protester ; c'est ce que nous avons toujours fait au grand jour.

Pourquoi a-t-on refusé l'enquête que nous avions sollicitée ?

S'il s'agissait d'une question d'amour-propre froissé, il y avait en jeu 2,000 à 3,000 francs que la ville aurait pu économiser.

ration du théâtre des Variétés, véritable épée de Damoclès suspendue sur le théâtre municipal. Ce théâtre a disparu et tout nous fait espérer que nous ne verrons pas de longtemps des faillites de Directeur et des Artistes en plan, ce qui n'est pas drôle du tout.

En 1878, fut fait le grand salon rouge, et la restauration de plusieurs décors, par M. Parédes. peintre décorateur de Béziers.

En 1879, a eu lieu la restauration complète de la salle, des couloirs et des vestibules qui n'a coûté que 39,720 fr. 40. Il est réellement fâcheux que le projet de M. de Givors n'ait pas été retrouvé avant cette réparation.

C'est la maison Apy, Partol et Cie., de Marseille qui fut chargée de la décoration de la salle. La Municipalité fit faire pour 6,000 francs de décors nouveaux par ces mêmes Artistes qui se sont acquittés de leur tâche, à la satisfaction générale, en faisant preuve d'un remarquable talent et d'une entente parfaite de l'art de la décoration.

La ville concéda à M. Nomdedeu l'appareillage au gaz du théâtre par un traité en date du 27 juillet 1869, moyennant un prix de location de 18 francs par soirée, à la charge du Directeur.

En 1879, le regretté sénateur M. Paul Massot, dont la mort a été aussi une perte pour les beaux-arts, auxquels il s'intéressa toujours, appuya de sa recommandation, une demande pour obtenir la concession d'un objet d'art, pour la décoration du théâtre de Perpignan. M. le Ministre accueillit favorablement cette demande, qni est restée dans les cartons.

Nous acquittons faiblement une dette de reconnaissance en signalant ce fait, qui resterait ignoré.

C'est aussi en 1879 que M. Fons offrit de transformer, en foyer, l'ancienne salle de la Société lyrique ; l'Administration accepta les offres de M. Fons.

Le foyer est décoré par le buste de la République de França, puis par des bustes de Maîtres de l'École allemande et italienne ; il est à regretter qu'on ait oublié l'École française.

On y remarque deux magnifiques bustes (modèles) de Collin d'Harleville et de Cherubini, œuvres de notre compatriote Oliva qui les offrit à la ville en 1875.

Que dirons-nous des décors? La quantité remplace la qualité. L'Administration a de tous temps acheté aux Directeurs les fragments de décors qu'ils avaient fait faire.

Les décors de *La Juive* furent payés 300 francs en 1837, ceux du *Cheval de Bronze* 800 francs en 1838, etc. etc.

Le décor de la forêt que nous voyons encore fut peint en 1813, par Boher ; ceux du *Cheval de Bronze* et les ruines *des Diamants de la Couronne* sont de Guiraud, tous deux nos compatriotes.

Le nom de Guiraud venant sous notre plume, nous saluons respectueusement la mémoire de cet homme de bien qui nous honora de son amitié, et nous prodigua ses conseils.

Quelque pénible qu'il ait été pour nous de faire respecter les dernières volontés de M. Guiraud, ce qui a pu nous valoir quelques ennuis, nous avons été largement récompensé par sa veuve qui nous a remercié d'avoir fait rentrer au musée les tableaux de *la Bergerie* et *les Catalanes*, qui avaient été détournés de la destination que leur avait donnée M. Guiraud qui par écrit, les offrait à la ville après sa mort, dernière volonté qu'il nous avait confiée.

En parlant de compatriotes, pouvons-nous oublier ceux qui se sont fait un nom dans le monde des Arts et qui sont venus recevoir, sur notre scène, les bravos de leurs concitoyens : Gallay, professeur du Conservatoire de Paris, Adrien Codine, lauréat de piano, Georges Bousquet, prix de Rome, Petit, Lomagne, Ancessy, les Artus, les Virginis, les Coste, Coll, Baille père et fils, Auguste Cantié et Antonin Taudou, prix de Rome, qui reçut des mains du Ministre des beaux-arts les palmes académiques, le jour de l'inauguration de la salle, après l'exécution de sa cantate à Arago.

Pouvons-nous oublier encore les œuvres représentées sur notre scène, *Vélleda* et *le Bailly du Village* de Petit, le Maëstro organiste de notre cathédrale, qui obtinrent le plus légitime succès. Le fruit du travail de ce bon vieillard doyen des musiciens qui écrivit les paroles et la musique de *La Quenouille de la Reine Berthe*, M. François Coste. Enfin *Le Spleen du Tambour*, *Guillaume de Cabestany* et surtout *André Chénier* qui valut à son auteur, M. J. Coll, notre savant chef d'orchestre, des témoignages d'admiration de la part du public, des artistes et de MM. les membres de l'orchestre qu'il dirige depuis dix-sept ans, entouré de l'estime et du respect dus à son remarquable talent.

Le libretto de *Vélleda* est de J. Camps, poète roussillonnais ; ceux du *Spleen du Tambour*, *Guillaume de Cabestany* et *André Chénier*, sont de M. J. Mercadier, membre de la Société agricole, scientifique et littéraire des Pyrénées-Orientales, aujourd'hui Maire de Perpignan.

Pourquoi toutes ces œuvres ne sont-elles pas à la bibliothèque de la ville? C'est peut-être un oubli, mais un oubli réparable. Il a toujours existé un crédit au Ministère des beaux-arts pour encouragements aux Artistes vivants ; MM. Petit et Coll n'ont jamais été gâtés de ce côté-là.

Les magasins de décors sont suffisants, quant aux loges d'artiste elles laissent beaucoup à désirer. En élevant la toiture des immeubles qui appartiennent à la ville du côté du Tribunal de commerce, on pourrait faire des loges convenables, des magasins de costumes et d'accessoires ; il y a la place suffisante.

Le théâtre et les annexes occupent une superficie de 1,386 mètres carrés.

La salle du théâtre est à trois galeries et contient six loges d'avant-scène, quatre loges d'avant-scène de troisième, dix-sept baignoires, quatorze loges de premières, une grande loge, trente-sept fauteuils, trente-neuf stalles de parquet, cent quatre-vingt-quatre places de parterre, soixante-deux stalles de premières, quatre bancs de seconde : deux cent cinquante places, deux bancs de troisième : cent places.

Nous donnerons le nombre de places au maximum avec les prix ordinaires :

6 Loges d'avant-scène 10 places............	60 à 2ᶠ »	120ᶠ »
4 Loges d'avant-scène 3 places............	12	2 »	24 »
17 Baignoires 4 places......................	68	2 »	136 »
37 Fauteuils parquet......................	37	3 »	111 »
39 Stalles parquet........................	37(*)	2 50	92 50
184 Parterres assis........................	184	1 25	230 »
16 Parterres debout......................	16	1 25	20 »
14 Loges premières 4 places..............	56	2 »	112 »
1 Grande loge 8 places....................	8	2 »	16 »
62 Stalles première........................	61(*)	2 50	152 50
62 Places premières........................	62	2 »	124 »
250 Secondes.............................	250	1 »	250 »
100 Troisièmes.............................	100	» 60	60 »
	951ᶠ		1.448ᶠ »

Neuf cent cinquante-un spectateurs peuvent donc trouver place dans la salle ; une trentaine pourraient se loger encore sur les paliers des premières et du parquet.

Nous sommes loin des quinze-cent personnes qui trouvèrent place au théâtre en 1818, à la représentation de Talma, qui produisit 4,700 francs. Il n'y avait pas de bancs au parterre et l'orchestre était occupé par le public.

Le théâtre est subventionné par la ville. Le chiffre de la subvention a varié. Elle était en 1839, de 6,000 francs ; en 1840, de 7,000 francs ; en 1849, de 5,857 fr. 10 ; en 1851, de 8,800 francs ; en 1852, 3,300 francs ; jusqu'en 1858, elle fut de 8,800 francs ; de 1859 à 1861, de 12,000 francs ; de 1862 à 1866, de 16,000 francs ; en 1867, de 13,000 francs ; en 1874, de 10,000 francs ; en 1876, elle fut réduite à 9,000 francs ; en 1878, elle fut portée, à cause de l'augmentation des droits d'auteurs, à 11,000 francs.

(*) Nous n'avons pas compris les Stalles de l'Officier des pompiers, du Médecin du théâtre, au parquet, et celle de l'Officier de service, aux premières places réservées conformément aux réglements.

Une somme de 1,000 francs est inscrite au budget pour l'achat de partitions.

La bibliothèque musicale confiée aux bons soins de M. J. Coll, est très riche en ouvrages de l'ancien répertoire. Le répertoire moderne a encore beaucoup de vides.

Voilà un rapide aperçu de l'historique de notre théâtre. Il n'a jamais brûlé et nous souhaitons qu'il ne brûle jamais.

Il est inutile de parler des Directeurs qui se sont succédé. Il y en a eu de bons, de mauvais, d'heureux, de malheureux.

Espérons que notre compatriote, M. Allègre, ouvrira la série des Directeurs artistes et stables, qui, en contentant le public, réaliseront des bénéfices.

C'est ce que nous lui souhaitons comme Perpignanais et comme ami.

Passons maintenant à la question financière :

Est-il possible d'entendre dire qu'un Directeur ne peut gagner de l'argent qu'à la condition de rouler (c'est le mot employé), le public ?

N'est-ce-pas à l'Administration à faire cesser cet état de choses ? N'est-il pas du devoir de tous ceux qui s'intéressent au théâtre, d'éclaircir la question en proposant une solution pour remédier aux abus ?

Les exigences du public sont de plus en plus croissantes, les appointements d'artistes sont de plus en plus élevés et les frais augmentent aussi.

Voyons les chiffres d'appointements d'artistes pour une ville de l'importance de Perpignan, conformément aux cahiers des charges :

1ᵉʳ ténor léger....................................	1.100ᶠ à 1.200ᶠ
2ᵐᵉ ténor léger..................................	400 à 450
1ʳᵉ basse..	500 à 550
Baryton...	400 à 450
Trial (1ᵉʳ comique)..............................	250 à 275
Laruette (comique marqué).......................	200 à 225
2ᵐᵉ basse (3ᵐᵉ rôle)..............................	225 à 250
1ʳᵉ chanteuse légère.............................	1.100 à 1.200
1ʳᵉ dugazon.....................................	450 à 500
2ᵐᵉ dugazon (soubrette)..........................	225 à 250
Duègne..	225 à 250
8 choristes hommes.............................	1.000 à 1.050
4 choristes femmes..............................	500 à 550
Troupe d'opéra-comique.........................	6.575ᶠ à 7.200ᶠ
1ᵉʳ rôle..	250ᶠ à 275ᶠ
Jeune 1ᵉʳ amoureux..............................	170 à 180
2ᵐᵉ amoureux....................................	120 à 130
2ᵐᵉ comique.....................................	140 à 150
Comique marqué (père noble)....................	175 à 200
1ᵉʳ rôle femme...................................	250 à 275
Jeune première..................................	200 à 225
Ingénuité.......................................	180 à 200
2ᵐᵉ amoureuse...................................	150 à 160
2ᵐᵉ soubrette....................................	150 à 160
Troupe de drame et comédie.......	1.785ᶠ à 1.955ᶠ
Troupe d'opéra-comique...........	6.575 à 7.200
Pour la troupe...................	8.360ᶠ à 9.155ᶠ
L'orchestre, chef et sous-chef.....................	2.300ᶠ
Costumier.......................................	200
Garçon de théâtre................................	90
Location des partitions..........................	100
Achat de brochures et copies.....................	50
Souffleur.......................................	100
Bibliothèque de musique.........................	15
Frais de recouvrement des abonnés...............	15
Location d'un piano.............................	15
Frais de patente.................................	50
	2.935ᶠ

Sait-on ce que coûtait, en 1813, une troupe, sous la direction de M. Alexis Singer, directeur du sixième arrondissement qui desservait Perpignan ? Les appointements des artistes s'élevaient à 4,110 francs par mois. L'orchestre avait 24 francs par soirée, les frais journaliers étaient de 110 à 116 francs ; M. Cardinal en 1819, payait sa troupe 4219 francs.

En 1814, le Directeur perdait, d'après l'état qu'il devait fournir à l'Administration, 24,611 francs.

A cette époque l'Administration était renseignée sur le produit du théâtre. Sait-on pourquoi ? Parce que sur les affiches il y avait ce simple NOTA : *Il est défendu de recevoir de l'argent au Contrôle.* Il n'y avait pas de cassette.

Aujourd'hui le coût d'une troupe s'élève de.. 8.360ᶠ à 9.155ᶠ
Les autres frais................................ 2.935 à 2.935
                                               ─────────────
                                               11.295ᶠ à 12.090ᶠ

Prenons le chiffre de 12,000 francs.
L'exploitation est de sept mois, soit .... 84.000ᶠ »
Le dernier mois se fait à moitié appointements
pour les artistes soit............................... 4.000 »
                                                    ─────────
                                                    80.000ᶠ »

C'est ce chiffre que le Directeur aurait à payer en dehors des frais journaliers, réglés tous les soirs au bureau et qui sont de :

Affiches... 18ᶠ »
Droits d'auteurs et éditeurs .... 2 »
Buraliste 3 50
Postes... 12 »
Coiffeurs.. 5 »
Habilleuses.. 1 50
Machinistes.. 22 »
Contrôleurs.. 7 »
Appareilleurs. (Location d'appareils)............. 18 »
Caisse de retraite des pompiers.................... 3 »
Éclairage au gaz réglé d'après les compteurs de 25 à 30 »
Plus les droits d'auteurs qui varient.

Il y a encore le coût de la figuration militaire, les frais d'accessoires, l'affichage ; ce qui fait un chiffre de 150 a 160 francs de frais à payer tous les soirs.

Les droits des pauvres ne sont pas compris, ils sont réglés par la caisse municipale.

Nous ne prendrons pas la moyenne des années précédentes, la salle ayant subi des transformations. Nous relèverons cependant une chose, c'est qu'un Directeur avec quatre-vingt-quatorze représentations a encaissé, net de frais journaliers, 77,104 fr. 75, y compris la subvention, tandis que d'autres avec cent dix représentations n'ont eu que 71,968 fr. 05, 66,631 fr. 35.

M. Guinot en 1879-1880, a encaissé au contrôle......	60.744f »
L'abonnement à l'année fut de....................	19.649 90
L'abonnement au mois de.........................	4.655 10
Subvention.......................................	11.000 »
	96.048f 90
Les frais journaliers furent de....................	20.413 15
Reste net...........................	75.635f 75
Si la troupe de M. Guinot lui avait coûté 12,000 francs par mois, il aurait perdu.........................	4.364 25
	80.000f »

M. Guinot a gagné cependant quelque chose, sa troupe n'était pas complète.

M. Denis-Robert en 1880-1881 a encaissé au contrôle	62.513f »
L'abonnement à l'année a été de..................	20.274 05
L'abonnement au mois de.........................	4.902 70
Subvention.......................................	10.000 »
	97.690f 65
Les frais journaliers ont été de...................	23.295 »
	74.395f 65
Si la troupe avait coûté 12,000 francs par mois, M. Denis-Robert aurait perdu.........................	5.604 35
	80.000f »

Mais dira-t-on, ce n'est pas possible, les chiffres ne sont pas exacts ! Le cahier des charges dit : *l'Administration municipale ayant intérêt à connaître le produit annuel de l'exploitation théâtrale, les recettes seront constatées par un agent spécial nommé par la Mairie et* PAYÉ *par le Directeur.*

Pourquoi le Contrôleur ne contrôle-t-il pas ? mais il fera son devoir, jusqu'au jour où, après lui avoir fait faire des retenues, la Municipalité anéantira son autorité en ne les retenant pas ; et puis, *c'est le Directeur qui paye.* En veut-on la preuve : à la cinquantième représentation, M. Denis-Robert avait encaissé 7,429 fr. 45 de plus que M. Guinot ; à la centième la différence n'était que de 1,483 fr. 05 ; où est le vice ? Mais à la cassette. Voilà la bouteille à l'encre.

Pour arriver à avoir un contrôle sérieux, il n'est qu'un seul moyen, c'est tout simplement d'établir deux bureaux de distribution de billets et de défendre d'accepter de l'argent au contrôle.

La cassette produit-elle 5,000 francs ? nous nous garderions bien de l'affirmer, mais en l'admettant, ils combleraient les pertes du prix de la troupe.

Il faut bien ensuite que le Directeur gagne quelque chose. Il est de toute justice que l'homme qui travaille, qui expose ses capitaux, soit récompensé par des bénéfices.

Où les trouver ?

Dans l'augmentation de la subvention ou dans l'augmentation du prix des places ?

Augmenter la subvention, la ville a donné à une époque 16,000 francs ; elle donne aujourd'hui 11,000 francs.

Augmenter le prix des places et des abonnements, mais on va crier ; a-t-on beaucoup crié, lorsqu'on a augmenté le prix du parterre en le portant à 1 fr. 25 ? Non.

Les Directeurs ont prétendu qu'ils avaient perdu à la transformation, c'est une erreur ; le parterre pouvait contenir 250 personnes entassées à 1 franc ce qui faisait 250 francs ; aujourd'hui il va au parterre 200 personnes à 1 franc 25, soit 250 francs, la seule différence, c'est que tout le monde est assis convenablement.

On voyage beaucoup aujourd'hui ; en visitant une ville, on va naturellement au théâtre, on voit de bonnes troupes, mais on oublie le prix qu'on a payé à la porte, pour ne se souvenir que des bonnes impressions de la soirée.

Qu'on nous cite un théâtre où le prix des places des premières soit de 2 francs ; nous en citerons vingt, où l'on paye 3 francs et 3 fr. 50,

Pourquoi ne pas mettre un prix unique de 2 fr. 50 aux premières.

Nous avouerons franchement que dans les réparations faites récemment à notre salle de spectacle, nous n'avons pas plus compris le parquet avec des fauteuils et des stalles, que les premières avec des stalles et des banquettes.

Nous arrivons à ces bons et braves abonnés qui supportent tout et qui payent 24,000 à 25,000 francs par an. Dès qu'il y a une représentation extraordinaire, vite abonnement suspendu. Eh bien ! ne vaudrait-il pas mieux interdire la suspension d'abonnement, sauf des cas exceptionnels et augmenter les abonnements et les loges de 10 ou de 15 0/0 ?

Quel est l'abonné qui se récrierait, si la troupe était à peu près convenable, car nous ne pouvons pas prétendre à avoir des troupes d'opéra-comique de Toulouse, ou de Bordeaux.

Puis, si à la fin de la saison, il arrivait qu'un Directeur ne gagne pas d'argent, est-ce que lorsqu'un entrepreneur a rendu son travail bien fini et qu'il est en perte, l'Administration ne trouve pas moyen de l'indemniser ? En serait-il autrement pour un Directeur qui aurait mis son intelligence, son activité à nous faire passer de bonnes soirées ? Nous ne le pensons pas.

Qu'on cherche dans les Archives et l'on verra qu'à une certaine époque, lorsque l'Administration se rendait compte de l'exploitation théâtrale, il en était ainsi.

On trouvera aussi une circulaire ministérielle qui ne date pas d'hier et qui n'a rien perdu de son à-propos.

« Les théâtres, considérés sous le rapport de l'art, ne peuvent être indifférents à l'autorité. Bien dirigés, ils offrent les plus nobles délassements à la classe instruite de la Société ; surveillés avec soin, ils peuvent répandre de saines maximes et servir des vues utiles.

» Malheureusement les agents de ces entreprises ne répondent que bien imparfaitement à ce qu'on a droit d'attendre d'eux, et ne s'efforcent guère de justifier la confiance qui leur est accordée. On les invite à former un bon répertoire et à le renouveler de manière à tenir les villes des départements au courant des nouveautés ; mais ils n'ont guère pour pièces nouvelles que les informes canevas ou les esquisses des petits théâtres de Paris. Il prétendent qu'ils ne trouvent pas de spectateurs quand ils donnent des représentations d'ouvrages de la haute comédie ; mais ils n'ajoutent pas que ces ouvrages sont par eux si mal montés, si mal joués, qu'il est impossible, en effet, que des hommes de goût se plaisent à les voir ainsi défigurés.

» On aime partout en France les comédies de mœurs, les jolis opéras, la bonne musique, les bons vers ; mais il n'y a rien de tout cela quand il n'y a pas de bons acteurs.

»... Les Directeurs capables sont en bien petit nombre. »

Voilà ce qu'écrivait, en 1820, M. le Ministre des beaux-arts.

Nous n'essayerons pas de faire la classification des Directeurs de théâtre.

Ces Messieurs sont cotés comme des valeurs en bourse, soit par leur intelligence, soit par leur solvabilité.

En effet, tel artiste fera une concession sur ses appointements, quand un Directeur lui offre des garanties ou qu'il est sûr de travailler d'une manière intelligente. Un Directeur prévoyant qui sait régler son répertoire et se servir de ses artistes, fera beaucoup plus et beaucoup mieux qu'un Directeur d'aventure qui ne sait jamais ce qu'il fera le lendemain.

Avec le premier, l'artiste aura le temps d'apprendre ses rôles, de les étudier ; les répétitions seront soignées. Peu importe au second, il lui faut une affiche, un nom, un artiste, un acrobate.

Le public viendra, payera, et le Directeur se frottant les mains, dira (nous nous servons du mot technique) : Je les ai bien roulés.

Jadis, les Directeurs de théâtre étaient nommés par le Ministre.

Aujourd'hui, ce sont les Municipalités qui les nomment.

Que faut-il pour être Directeur ?

Certaines villes exigent des cautionnements ; d'autres, celles-ci sont en minorité, ne demandent rien.

Pour un simple entrepreneur, on exige un certificat d'aptitude, un cautionnement ; pour un modeste garde-champêtre, un extrait du casier judiciaire.

Pour un Directeur de théâtre, rien, absolument rien.

Jusqu'à ce jour, les Maires, après avoir pris l'avis de la Commission du théâtre, nommaient le Directeur,

Ce sont les Conseillers municipaux aujourd'hui, qui votent au scrutin secret pour le Directeur.

Ce qui fait, que des hommes qui ne vont que rarement au théâtre et qui n'ont ensuite aucune espèce de relation avec le Directeur, votent, parce qu'un Monsieur aura été leur faire une visite, ou leur sera présenté par un ami et qu'après l'avoir vu, ils diront : *ça a l'air d'un bon garçon.*

Mais, Messieurs les Conseillers, vous ne vous doutez pas que par votre vote, vous donnez un certificat d'aptitude et de solvabilité à un homme qui va avoir en mains l'existence d'un nombreux personnel et l'agrément des soirées d'hiver de tous vos concitoyens.

Que cet homme pourra susciter des embarras et des ennuis à celui que vos suffrages ont mis à votre tête.

Car d'après l'article 2 du décret du 17 frimaire an XIV ;

Les Maires sont chargés de la police du théâtre et du maintien de l'ordre et de la sûreté.

Ce nous semble que le meilleur moyen, pour arriver à un bon choix, serait de s'entourer de renseignements sur tous les candidats et de choisir celui qui offrirait le plus de garanties, en exigeant un cautionnement, car du choix de tel ou tel Directeur dépend une bonne ou une mauvaise saison théâtrale.

Non ! l'Administration municipale ne peut pas rester indifférente au théâtre. Si elle fait des sacrifices pour le subventionner et l'entretenir, il faut que de son côté, le public qui fréquente le théâtre s'impose un peu.

Dans notre ville, le théâtre est suivi, on peut faire bien, pourquoi continuer à faire mal. Que faut-il pour arriver ? Le respect des règlements, du cahier des charges, et un peu d'argent.

Nous avons montré la situation bien à découvert, les dépenses et les recettes, le vice pour se rendre compte du produit de l'exploitation théâtrale.

Assez de ces spectacles abrutissants, assez de ces *roustissures* de Directeur. Pourquoi forcer un homme qui est honnête à chercher des moyens qui lui répugnent, quand il veut bien faire.

Si un Directeur gagne de l'argent, tant mieux pour lui, pourvu que le public soit satisfait. Et quel est l'intérêt d'un Directeur, n'est-ce pas d'attirer le public par des spectacles bien composés ?

Notre salle est malheureusement trop petite, c'est incontestable. Nous avons pour la saison prochaine un Directeur que nous connaissons et qui est animé du désir de bien faire ; *Al Galliner* manquerait à sa mission, si profitant des leçons du passé, il ne cherchait pas à arriver à n'avoir que des éloges à adresser.

Que faut-il en somme pour que le théâtre d'une ville marche bien ?

Qu'il soit bien administré et organisé, que chaque employé soit équitablement rétribué et fasse son devoir.

On retrouve bien dans les délibérations du Conseil municipal d'excellentes propositions qui ont été adoptées, mais qui sont restées lettres mortes.

Dans ces dernières années, M. Emmanuel Brousse, membre de cette Assemblée, a eu l'occasion de faire plusieurs motions dont pas une n'a reçu d'exécution.

Que veut-on que fasse un concierge avec 400 francs par an et le logement? Arrivez à lui faire des appointements convenables, en lui fixant ses attributions.

Que sont 22 francs par soirée alloués aux machinistes pour avoir une équipe de douze hommes, alors que dans tous les théâtres le chef machiniste a ses appointements fixes et reçoit tous les soirs une somme de .., , pour payer les hommes de l'équipe.

3 francs pour l'allocation des pompiers.

On s'étonne de voir les sinistres de théâtre, ils ne nous surprennent pas, avec le laisser aller qui règne dans le service ; si on parle de règlements, de cahier des charges, mais on vous rit au nez !

Est-ce que le rôle de l'Administration consiste à nommer un Directeur, à lui dire : Vous êtes maître du théâtre, faites ce que vous voudrez ; tous les mois vous toucherez votre subvention, et puis, que vous fassiez bien, que vous fassiez mal, vous aurez un certificat, constatant que vous avez payé tout le monde.

Eh bien, non ? la ville a un Contrôleur pour contrôler sérieusement le Directeur, ou alors qu'on le supprime.

Un Conservateur, qui veille sur le matériel et sur le personnel d'employés.

Est-ce qu'il est nécessaire qu'un Directeur soit toujours fourré dans les bureaux d'une Mairie demander ci, demander çà, qu'on lui accorde toujours ; car que sont le Contrôleur et le Conservateur, absolument rien, et cependant qui peut, mieux que ces deux employés, renseigner l'autorité sur le théâtre.

Le Directeur obtient tout ce qu'il demande, et il n'est nullement extraordinaire d'entendre un Directeur dire : la salle est petite et je suis obligé de subir une masse d'entrées de faveur.

Mais, est-ce que la loi des finances concernant les entrées de faveur du 21 mars 1872, n'existe pas, et pourquoi l'a-t-on faite ?

Nous terminerons en disant : puisque le théâtre est subventionné, c'est à l'autorité municipale à le rendre agréable et utile, agréable par le confortable, pour tout le monde, par la propreté et le bon entretien, utile par la surveillance du répertoire et l'exécution des règlements. Qu'on complète au plus tôt la bibliothèque musicale, pour qu'un Directeur ait toutes les partitions sous la main.

Qu'on crée une bibliothèque dramatique, où les Directeurs pourront voir les pièces qui conviendront aux artistes de leur troupe.

C'est pour subvenir à la création de cette bibliothèque que le rideau annonce avait été concédé.

Que faut-il pour cela, quelques milliers de francs ; les locaux pour les bibliothèques existent et on pourra même en ouvrir les portes au public, une ou deux fois par semaine.

Ce n'est qu'à ces conditions qu'on pourra arriver à relever notre théâtre et à permettre à un Directeur de faire honorablement ses affaires.

Ce serait assurément pour nous une grande satisfaction si par nos recherches et notre bon vouloir nous arrivons à ce but, dans l'intérêt de l'art, des artistes et du public.

Perpignan. — Typ. de l'*Indépendant*, rue d'Espira, 3.

www.ingramcontent.com/pod-product-compliance
Lightning Source LLC
Chambersburg PA
CBHW070541050426
42451CB00013B/3117